BEI GRIN MACHT SICH IHR WISSEN BEZAHLT

Anonym

Das Prinzip "Spielerisches Lernen"

GRIN Verlag

Bibliografische Information der Deutschen Nationalbibliothek:

Die Deutsche Bibliothek verzeichnet diese Publikation in der Deutschen National-
bibliografie; detaillierte bibliografische Daten sind im Internet über http://dnb.d-
nb.de/ abrufbar.

Impressum:

Copyright © 2013 GRIN Verlag GmbH
Druck und Bindung: Books on Demand GmbH, Norderstedt Germany
ISBN: 978-3-656-70973-2

Dieses Buch bei GRIN:

http://www.grin.com/de/e-book/277964/das-prinzip-spielerisches-lernen

GRIN - Your knowledge has value

Der GRIN Verlag publiziert seit 1998 wissenschaftliche Arbeiten von Studenten, Hochschullehrern und anderen Akademikern als eBook und gedrucktes Buch. Die Verlagswebsite www.grin.com ist die ideale Plattform zur Veröffentlichung von Hausarbeiten, Abschlussarbeiten, wissenschaftlichen Aufsätzen, Dissertationen und Fachbüchern.

Besuchen Sie uns im Internet:

http://www.grin.com/

http://www.facebook.com/grincom

http://www.twitter.com/grin_com

Das Prinzip „Spielerisches Lernen"

Vortragsdatum: 07.02.2013

Begriffsbestimmung

Spiel: „Spiel ist eine freiwillige Handlung oder Beschäftigung, die innerhalb gewisser festgesetzter Grenzen von Zeit und Raum nach freiwillig angenommenen, aber unbedingt bindenden Regeln verrichtet wird, ihr Ziel in sich selber hat und begleitet wird von einem Gefühl der Spannung und Freude und einem Bewusstsein des ‚Andersseins' als das ‚gewöhnliche Leben.[1]"

Lernen: Lernen im weitesten Sinne ist das Aufnehmen, subjektive Einordnen und Bereithalten von Erfahrungen sowie von Wissens- und Erlebnisinhalten. Demnach ist Lernen eine besondere Fähigkeit des Menschen, durch die er auf die Ansprüche der Umwelt effizient reagieren kann.[2]

Was ist „Spielerisches Lernen"?

Schon lange ist bekannt, dass Kinder durch Spielen lernen. So wurde beispielsweise schon im Alten Rom das Spiel als Vorbereitung für späteres Lernen genutzt.[3] Das Spielerische Lernen ist eng mit dem handlungsorientierten Lernen verbunden und verbindet das ganzheitliche, altersgemäße und kindgemäße Lernen. Daher ist es auch ein charakteristisches Prinzip des Grundschulunterrichts, hat aber auch eine wichtige Bedeutung im Bereich der Frühpädagogik und kommt daher auch im Kindergarten zum Einsatz.[4]

---

[1] Huizinga, J. (2004), S. 37.

[2] vgl. Zöpfl, H. (1975), S. 151.

[3] *Vgl. Höke, http://www.kita-fachtexte.de/fileadmin/website/KiTaFT_Hoeke_2011.pdf.*

[4] *vgl. http://www.standardsicherung.schulministerium.nrw.de/cms/upload/egs/Modul_4_Sprachenlernen_Teil-2.pdf.*

Die Theorien von Piaget (konstruktivistische Theorie) und Vygotzky (sozialhistorische Theorie), haben auch heute noch eine zentrale Bedeutung im Bereich des Lernens.[5] Daher wird beim Spielerischen Lernen auf verschiedenste Methoden und Werkzeuge zurückgegriffen, mit deren Hilfe Fähigkeiten und Wissen, in einer ungezwungenen, wiederholbaren Art und Weise vermittelt werden können. Dies geschieht unter Berücksichtigung der elementaren kognitiven, rezeptiven und praktischen Erfahrungen des Menschen. Vor allem im Bereich „Sprachen lernen" werden durch dieses Prinzip grundlegende Erkenntnisse realisiert, die davon ausgehen, dass Sprache vor allem durch den Gebrauch gelernt wird. In der kognitiven Psychologie wird darauf hingewiesen, wie vorteilhaft bei allen, auch den sprachlichen Lernprozessen, das inzidentelle Lernen ist. Das heißt, das zufällige Aufnehmen von Lernelementen. Dies gilt auch speziell für den Bereich der Frühpädagogik, da im Kindergarten durch verschiedenste Spiele elementare Fähigkeiten und Aspekte des täglichen Lebens erlernt werden. Auch spielt hier der Aspekt des zufälligen Lernens eine große Rolle. So legen Kinder beispielsweise schon Bauklötze aufeinander und testen aus, wie viele Klötze sie aufeinander setzen können, ohne dass der Turm einstürzt.[6]

Spielerisches Lernen begleitet uns also schon seit frühsten Kindertagen. Es hilft uns Zusammenhänge zu erfassen, Wissen anzueignen und Aufgaben zu lösen. Spielen und Lernen sollte jedoch nicht als kindliches Verhalten oder eine leichte, nicht ernst zu nehmende Sache angesehen werden. Spielen kann auch harte Arbeit bedeuten. Spielen sollte immer auf einer Basis der Freiwilligkeit, so wie unter bestimmter Regeln stattfinden. Wichtig ist ein Ziel vor Augen zu haben, welches eine Herausforderung darstellt und trotzdem erreichbar ist. Nur so können der Spaß am Spiel, und der Spaß am spielerischen Lernen gesichert werden.[7]

Die Werkzeuge des spielerischen Lernens

Die Werkzeuge und Methoden, die beim Prinzip des spielerischen Lernens angewendet werden, sind sehr vielfältig und stets nach dem Stichwort „Der Zweck bestimmt die Mittel". Methoden können beispielsweise themenbezogene Spiele wie

---

[5] Vgl. Höke, online: http://www.kita-fachtexte.de/fileadmin/website/KiTaFT_Hoeke_2011.pdf.

[6] vgl. http://www.standardsicherung.schulministerium.nrw.de/cms/upload/egs/Modul_4_Sprachenlernen_Teil-2.pdf.

[7] Vgl. Zischke, J.(2010).

2

Trivial Pursuit oder Wer wird Millionär sein, welche sich besonders als „*lockere Wissenstests*" bei Schülern eignen. *Die Fragen können hierbei auf die jeweilige Altersstufe und den Wissensbereich angepasst werden. Auch Computerspiele oder* haptische Planspiele eignen sich beispielsweise um Erwachsenen die komplexen Zusammenhänge zwischen *Aktiva* und *Passiva* einer Finanzbuchhaltung erklären zu können. Genauso können innerhalb der Methode des Rollenspiels Teilnehmer aktiv in bestimmten Rollen selbst eine Lösung erarbeiten. Denn *Rollenspiele* dienen als äußerst wirksames Mittel, um Lernprozesse spielerisch in Gang zu setzen, die mit herkömmlichen Lehr- und Lernmethoden nicht erzielbar wären. Beim sogenannten *action learning* wo auch die Team- oder Persönlichkeits-Entwicklung ihren Platz finden, lernen die Teilnehmer, während sie aktiv spielen, Kompetenzen wie Teamfähigkeit oder Selbstbehauptung. Weitere Methoden die eingesetzt werden können, wären beispielsweise das Unternehmenstheater und Outdoor-Training.[8]

Was halten Schüler selbst vom spielerischen Lernen?

Eine Schülerumfrage nach Harald Jaquet zum Thema „spielerisches Lernen" ergab, dass Schüler das Lernen, wenn es spielerisch geschieht, als schneller, einfacher und effektiver empfinden. So hat ihnen der Unterricht beispielsweise mehr Freude bereitet, wenn der Lernstoff spielerisch vermittelt wurde, was letztendlich auch zu einem größeren Lernergebnis führt. Die Schüler äußerten sich wie folgt:

»Im Vergleich zu normalen Mathestunden waren die Spielstunden genauso anstrengend, denn man musste genau so viel nachdenken [wie] sonst auch. Aber es war viel lustiger!«

»Im Vergleich zu gewöhnlichem Unterricht war ich in den Spielstunden konzentrierter, weil ich das Spiel unbedingt gewinnen wollte ...«

»Ich habe mehr gelernt/geübt als in sonstigen Mathestunden. Im Unterricht sollte viel häufiger gespielt werden, weil es auf diese Art und Weise viel mehr Spaß macht zu lernen, als wenn man 45 Minuten still auf seinen Plätzen sitzt und nur auf die Tafel guckt.«[9]

---

[8] Zischke, J.(2010).
[9] vgl. Jaquet H, 1999, S.52.

Welche Vorteile hat das Spielerische Lernen?

Das Prinzip des Spielerischen Lernens bietet eine Menge positiver Aspekte. So führt, das dem spielerischen Lernen innewohnende neugierige, spielerisch-experimentelle Vorgehen zu Aha-Erlebnissen, neuen Entdeckungen und Erfahrungen. Durch das Einbinden multimedialer Aspekte wird das Ansprechen verschiedener Wahrnehmungskanäle ermöglicht, was die Wissensaufnahme und Merkfähigkeit erleichtert und verbessert. Zudem macht es den Erwerb von Wissen spannender und führt zur permanenten Weiterentwicklung der Lernkompetenz. Dadurch wird Lernen zu einem selbst organisierten, geistigen Prozess. Da bei dem Prinzip des Spielerischen Lernens Übungsphasen mit spielerischen Elementen verbunden werden, wird die Motivation zum selbsttätigen Lernen gesteigert. Vor allem bei Computer gestützten Lernprogrammen können Tempo und Reihenfolge beim Lernen frei gewählt und somit ein Thema selbstständig erarbeitet werden. Das schafft Freiräume zum Entdecken von Zusammenhängen und fördert gleichzeitig das Experimentieren und Nachdenken. All diese genannten positiven Aspekte führen dazu, dass der Lernprozess mit mehr Spaß erfüllt wird, was wiederum dazu führt, dass das Lernen befriedigender, effizienter und am Ende sogar wirkungsvoller ist.[10]

Funktioniert spielerisches Lernen automatisch?

Die Antwort lautet: „Ja!". Denn so wie Spielen ohne bewusstes Anstrengen und Überlegen funktioniert, erfahren wir auch das Lernen. Jeder Mensch kann spielen (physische Möglichkeiten vorausgesetzt) und kann so am Lernen teilnehmen, beziehungsweise es kann eine Methode gefunden werden, die für jeden Einzelnen die Richtige ist. Das Spiel ist unsere zentrale Lebensform, mit der wir als Kind und später als Erwachsener, Unbekanntem begegnen und Neues entdecken. Dabei handeln wir allgemein mit einem Prinzip, welches wir als *Versuch und Irrtum* bezeichnen. Wir versuchen, tüfteln und probieren, um zu erfahren und herauszufinden, wie etwas funktioniert. Dafür brauchen wir oftmals keine Anweisungen oder Regeln, wir lernen durch das Selbstentdecken und genau das ist das, was man als „spielerisches Lernen" bezeichnet.[11]

---

[10] vgl. Zischke, J.(2010) und Hobmair:, H.,2008, S. 253ff.
[11] vgl. Zischke, J.(2010).

Nachteile und Grenzen des Spielerischen Lernens

Der Nachteil des spielerischen „trial-and-error-Verfahrens" ist, dass es nicht 1:1 auf alle Lebensbereiche anwendbar ist. Beispiele hierfür wären das Autofahren oder das Steuern eines Flugzeugs. Des Weiteren sollte man beachten, dass das Erlernen von bestimmten Fähigkeiten und das dazu erforderliche Wissen oftmals klare und eindeutige Regeln und Strukturen voraussetzen. Dennoch kann das Lernen auf die elementarste Art und Weise unseres Lebens, die des spielerischen Lernens, erfolgen und es spannender und interessanter gestalten. Denn wir sind der homo ludens, der spielende, spielerische Mensch. Doch Spielen sollte nicht die einzige Lernart bleiben. So ist es beispielsweise wichtig Kindern auch das systematische Arbeiten zu vermitteln, das heißt beispielsweise auch Sprachlernbewusstheit zu fördern. Auf diese Art und Weise gelingt es, ihnen Zusammenhänge und Hintergründe eines Themas zu erläutern, die innerhalb des Spielerischen Lernens gar nicht oder nur sehr schwer vermittelt werden können.[12]

Fazit

Kinder sollten lernen, sich selbst einzuschätzen, selbst Ziele zu finden, selber Schritte und Wege zu diesen Zielen zu finden und das Ergebnis selbst zu bewerten. Auch die Interaktion mit anderen Menschen, also der Umgang der Kinder mit anderen Menschen, lässt sie innerhalb ihrer gemachten Erfahrungen wachsen. Lernen im Spiel beruht auf Freiwilligkeit und kann den Kindern auf diese Art viel Spaß machen. So kann die Lust zu lernen und sich ein Leben lang weiterzubilden gefördert werden. Spielerisches Lernen verspricht den Kindern, dass sie selbst am Lernprozess beteiligt werden, dass sie eigene Lösungswege einschlagen können, dass sie ihre Potenziale nutzen können. Wenn die Lust zu lernen so gefordert werden kann, beginnt endlich der Spaß im Leben und Lernen.Wenn Spielen und Lernen auf diese Art verknüpft werden kann und spielerisches Denken neuartige Lösungen hervorbringt, dann hat spielerisches Lernen auch seine Berechtigung und wichtige Bedeutung in der Frühpädagogik.[13]

---

[12] vgl. Zischke, J.(2010) und Hobmair:, H.,2008, S. 253ff.
[13] vgl. Günther, S; 2006, Seite: 16 ff.

Spielanleitungen

Tabu mit Politikbegriffen

Tabu mit Politikbegriffen ist ein Kommunikations-Gesellschaftsspiel bei dem man spielerisch Begriffe aus der Politik kennenlernen kann. Es ist Angelehnt an das bekannte Spiel "Tabu" von Hasbro. Bei dem Spiel dreht sich um das Erklären von Begriffen. Es können beliebig viele Personen teilnehmen. Zu Beginn wird die Gesamtgruppe in zwei gleichgroße Gruppen eingeteilt. Dann erklärt ein Spieler der Gruppe 1 , den Spielern der Gruppe 2 einen Begriff und darf dabei keines der fünf Tabuwörter verwenden, die auf der Begriffskarte stehen. Hierüber wacht einer der Spielleiter der bei einer Regelverletzung einschreitet. Der Spieler versucht innerhalb einer vorgegebenen Zeit (1 Minute) so viele Begriffe wie möglich zu erklären. Pro Begriff der richtig erraten wurde, gibt es einen Punkt. Wird ein Tabuwort benutzt, muss der Spieler zum nächsten Begriff übergehen und bekommt einen Punkt abgezogen. Die Gruppen wechseln sich beim erraten der Begriffe ab. Das Spiel endet nach 15 Minuten oder wenn alle Begriffe aufgebraucht wurden. Gewonnen hat die Gruppe, die am Ende die meisten Punkte gesammelt hat.

Rücken an Rücken

Die Teilnehmer finden sich zu zweier Gruppen zusammen. Die gefundenen Paare stellen sich Rücken an Rücken auf. Der Leiter des Spiels stellt den Paaren Fragen, welche sie möglichst genau beantworten sollen. Bei den Fragen handelt es sich um Fragen über den jeweiligen Partner, mit dem man Rücken an Rücken steht. Die Fragen könnten z.B. lauten: „Welche Farbe hat Katjas T-Shirt? Was hat Olga um den Hals? Hat sich Alex heute rasiert? Was für Schuhe trägt Mike? Trägt Maria Ohrringe?" Das Spiel Rücken an Rücken fördert die exakte Personenbeschreibung und das Konzentrationsvermögen. Zudem kann das Spiel zum Einüben von Adjektiven, Satzbildung und Fragesätzen verwendet werden.[14]

---

[14] vgl. http://deutschlich.wordpress.com/2010/08/09/rucken-an-rucken/ .

Puzzle Spielwiese

Bei dem Puzzle „Spielwiese" geht es zum einen um Konzentrationsfähigkeit. Zum anderen soll das Gedächtnis und das Gruppengefühl gestärkt werden. Das hierbei gelernte soll nicht nur ins Kurzzeitgedächtnis. Sinn diese Spiel ist es das das Gelernte im Langzeitgedächtnis gespeichert wird. Für dieses Spiel braucht man große Puzzleteile aus Styropor oder ähnliches Material. Diese Puzzleteile kann man entweder selbst anfertigen, oder man kauft diese Puzzleteile in einem handelsüblichen Spielwarengeschäft. Insgesamt braucht man 10 Puzzleteile. Außerdem benötigt man entweder eine Geschichte für die Teilnehmer des Spieles (z.b. Die Arzneimittelzulassung- Der Weg vom Labor in die Apotheke) oder einen ganz bestimmten Ablauf (z.b. Gesprächsablauf Sozialarbeiter und Klient im Erstgespräch, Ablauf von Beratungsgespräch).Auf die 10 Puzzleteile kommt nun in Einzelteilen die Geschichte oder der Gesprächsablauf drauf. Dieses geschieht mit Hilfe von Papier, Schere und Drucker. Die Geschichte oder der Ablauf wird auf Papier ausgedruckt. Danach nimmt man die Schere zu Hand und gliedert die Geschichte/den Ablauf dadurch das man sie zerschneidet. Die ausgeschnittenen Papierstücke werden mit Hilfe von Reißzwecken auf den Puzzleteilen festgemacht. Wie sieht nun der Ablauf aus: Bei der Geschichte bekommen die Mitspieler/Teilnehmer 5min max.10min (je nach Schwere der Geschichte oder des Ablaufs) Zeit sich die Geschichte bzw. den Ablauf einzuprägen. Dieses geschieht durch vorlesen des Moderators oder durch vorlesen durch einen Mitspieler. Bei leichteren Abläufen, wie den Ablauf von Beratungsgesprächen, werden die wichtigsten Stationen des Beratungsgespräches durch den Moderator mit einem Wort benannt. Der Ablauf wird zweimal langsam wiederholt. Die Spieler müssen dann jedoch die Synonyme zu diesen Begriffen finden, denn auf den Puzzleteilen stehen dann nicht einzelnen Begriffe, sondern Sätze drauf (zum Beispiel für Begrüßung steht dann auf dem Puzzleteil: Türöffner verwenden und dem Klienten (und Berater) die Beziehungsaufnahme erleichtern). Die Spieler haben für das zusammenpuzzeln dann je nach Zeitansatz und Schwere. 7-10min Zeit. Danach erfolgt die Auswertung. Es wird geschaut welche Puzzleteile an der richtigen Stelle sind und welche Teile der Geschichte/des Ablaufes sich besonders gut im Gehirn manifestiert haben. Dieses Spiel kann mit max. 15 Spielern gespielt werden.

Wer wird Millionär?

Das Spiel erfreut sich großer Beliebtheit im Fernsehen und als Gesellschaftsspiel und dürfte aus diesem Grund nicht unbekannt sein.

Art des Spiels: Es handelt sich um ein Wissensquiz.

Lernziel des Spiels: Die Gruppe vertieft spielerisch noch einmal das gelernte aus den vorherigen Spielen!

Spielablauf:

- Es werden zwei gleichgroße Gruppen gebildet
- Die Mitspieler aus Gruppe 1 beantworten gemeinsam die jeweiligen Fragen, beginnend bei der 1000 € Frage und endend bei der 1.000.000 € Frage.
- Dann ist die zweite Gruppe an der Reihe, ebenfalls beginnend bei der 1000 € Frage und endend mit der 1.000.000 € Frage
- Jede Gruppe bekommt einen Joker (sie darf die Frage an die Mitglieder der anderen Gruppe weitergeben)
- Wird eine Frage falsch beantwortet, läuft das Spiel normal weiter, die Gruppe erhält allerdings einen Minuspunkt
- Die Gruppe mit den wenigsten Minuspunkten gewinnt das Spiel, bei Gleichstand gewinnen beide Mannschaften[15]

---

[15] vgl. http://www.sn.schule.de/~sud/methodenkompendium/module/1/7_6_3.htm.

Literatur und Quellenverzeichnis

Günther, S. (2006): In Projekten spielend lernen. Grundlagen, Konzepte und Methoden für erfolgreiche Projektarbeit in Kindergarten und Grundschule. Münster: Ökotopia.

Hobmair, H. (2008): Pädagogik. 4. Auflage, 1.korrigierter Nachdruck, Bildungsverlag EINS GmbH Troisdorf

Huizinga, J. (2004): Homo Ludens. Vom Ursprung der Kultur im Spiel. Auflage: 22, Reinbek: Rowohlt Verlag

Zöpfl, H., Bittner G., Mühlbauer, R. & Tschamler, H. (1975): Kleines Lexikon der Pädagogik und Didaktik. Donauwörth: Auer

Internetquellen:

Jaquet, H.(1991): Kann Spielen das Lernen im regulären mathematisch-naturwissenschaftlichen Fachunterricht fördern?
online: http://www.studienseminarpaderborn.de/downloads/jaquet1spielen.pdf
[Stand: 08.02.2013].

Sächsisches Staatsinstitut für Bildung und Schulentwicklung: Wer wird Millionär
online: http://www.sn.schule.de/~sud/methodenkompendium/module/1/7_6_3.htm
[Stand: 08.02.2013].

Schulinisterium NRW (2010): Didaktisch-methodische Fortbildung Englisch in der Grundschule NRW
online:http://www.standardsicherung.schulministerium.nrw.de/cms/upload/egs/Modul_4_Sprachenlernen_Teil-2.pdf [Stand: 08.02.2013].

Sprachzentrum Tandem Göttingen: Rücken an Rücken
online: http://deutschlich.wordpress.com/2010/08/09/rucken-an-rucken/
[Stand: 08.02.2013].

Zischke, J.(2010): Was ist spielerisches Lernen
online: http://www.dialogus.de/magazin/wissen/906 [Stand: 08.02.2013].